AF460308

PRINCIPES DE SOCIABILITÉ,

OU

NOUVEL EXPOSÉ

DES DROITS ET DES DEVOIRS DE L'HOMME ET DU CITOYEN;

Suivis d'Obſervations importantes, relatives aux propriétés, à la liberté du commerce & à la proportion du prix des ſubſiſtances avec les facultés des Citoyens.

par Jean Chivret

> En faiſant ſon devoir, en obéiſſant à la raiſon, on remplit les ordres de la ſuprême raiſon; on dirige toutes ſes intentions au bien commun, qui n'eſt point différent de la gloire de Dieu & du plus grand intérêt particulier de l'homme. (*Leibnitz.*)

EN FRANCE,

Chez les Amis de la vérité, de la juſtice & de la paix:

Et à PARIS,

Aux Freres unis, Paſſage S. Germain-l'Auxerrois, côté du Louvre.

1793.

L'an ſecond de la République Françoiſe.

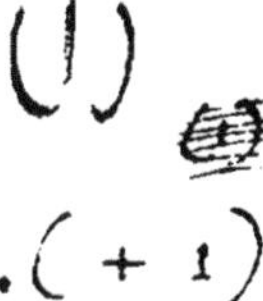

NOUVEL EXPOSÉ

Des Droits & des Devoirs naturels, civils & politiques de l'Homme & du Citoyen, puisés dans la nature; succintement développés & déduits du fond de son être naturellement sociable & religieux. Suivi d'observations relatives aux subsistances.

Par JEAN CHEVRET, Citoyen de Paris, employé à la Bibliothèque nationale depuis Janvier 1765; auteur de l'Epitre à l'Humanité, du Manuel des Citoyens; de l'Amour & de sa puissance suprême; des Etrennes à la Jeunesse Françoise; du principe universel d'Education; de l'Education dans la République, & de ses moyens de prospérité & de gloire; du Tableau central & de celui des Sciences & des Arts, & du Systême figuré des connoissances humaines; présentés aux Assemblées constituante, législative & à la Convention nationale, qui en a agréé les hommages & fait mention honorable dans son procès-verbal du 20 Novembre 1792.

VÉRITÉ, PAIX, PROSPÉRITÉ, BONHEUR ET GLOIRE AUX NATIONS.

DÉCLARER les droits & les devoirs de l'homme & du citoyen, c'est exposer aux yeux & à l'esprit de tous, les grands principes originairement gravés dans les cœurs par la nature, ou plutôt par l'auteur de la nature.

La déclaration des droits & des devoirs de l'homme & du citoyen doit donc être la base de tout édifice politique, de toute constitution sociable, le principe, le précis & comme le germe productif d'où doivent se développer & ressortir toutes les loix qui doivent gouverner les hommes, régler les familles, les états, & déterminer les droits & les devoirs respectifs des empires, faire enfin fructifier & recueillir le bonheur.

Ces droits & ces devoirs devant tous ressortir de la nature & du fond de l'être de l'homme & de son principe, le premier pas à faire pour atteindre à une si utile connoissance, est donc de jeter nos regards sur lui-même, prendre une juste idée de ce qu'il est, de ce qu'il peut, de sa foiblesse & de sa grandeur, pour que, sans orgueil, il s'élève à de sublimes connoissances & à de belles actions également propres à satisfaire & son esprit & son cœur; faire son bonheur, & concourir à celui des autres. *L'étude & la science la plus propre à l'homme, est donc l'homme même.*

Mais quand on dit à l'homme : *connois-toi ;* ce n'est pas seulement, dit *Ciceron*, pour rabbaisser son orgueil, c'est aussi pour lui faire sentir ce qu'il vaut. Car tout homme qui rentrera en lui-même, ajoute cet illustre Orateur & Philosophe, y découvrira des traces de la Divinité.

« A l'homme, ce chef-d'œuvre de la nature, ce petit monde ; à l'homme appartiennent la force & la majesté ; à la femme, sa compagne chérie, les graces & la beauté : & tout annonce dans tous les deux, dit *Buffon*, les maîtres de la terre, tout marque dans l'homme, même à l'extérieur, sa supériorité sur tous les êtres vivans ; il se soutient droit & élevé ; son attitude est celle du commandement ; sa tête regarde le ciel, & présente une face auguste sur laquelle est imprimé le caractère de sa dignité ; l'image de l'ame y est peinte par la physionomie ; l'excellence de sa nature perce à travers les organes matériels, & anime d'un feu divin les traits de son visage ; son port majestueux, sa démarche ferme & hardie annoncent sa noblesse & son rang ».

Tels sont les grands caractères qui particularisent l'homme & le distinguent de tous les êtres vivans de la nature. Il existe & il pense ; doué d'organes, il élève les yeux, & le magnifique spectacle de l'univers qui s'y peint, ravit son ame & l'élève à son principe. Il les rabaisse vers la terre ; il la contemple, se contemple lui-même & sa compagne, voit son séjour, peuplé d'êtres de son espèce, & environné d'autres prêts à seconder ses efforts, satisfaire à ses besoins ; les animaux lui offrant leurs secours, les végétaux leurs substances, & les minéraux leurs précieux avantages, & tous lui présentant les objets propres de son industrie, les moyens d'exercer son esprit, d'élever son ame, & d'enflammer son génie ; enfin l'homme reconnoît son empire. Il reconnoît que,

« Centre de l'univers, il en fait l'harmonie ;
» Sans lui rien n'est dans l'ordre ; & par lui tout se lie. »

Ses droits s'étendent donc sur toute la nature ; & ses devoirs envers Dieu, lui-même & les autres, dérivent de ces hautes prérogatives : car il n'est pas de droits sans devoirs.

Le genre humain qui aujourd'hui peuple toute la terre, est donc une grande famille, une seule république, un seul empire composé de plusieurs dont la souveraineté ressortit & est soumise aux loix & à l'empire suprême de la Divinité, soit qu'elle soit dans la main d'un seul, de plusieurs ou de tous. Une seule famille dont les individus égaux & libres, ayant mêmes droits, comme même nature, s'aiment eux-mêmes, desirent tous également d'être heureux ;

& ne se croient en société que pour cela. Enfin tous fixés sur ce point unique & libres sur tout le reste, considérant le bonheur comme leur fin dernière, y tendent nécessairement & de tout le poids de leur volonté.

Tel est l'homme. L'homme est donc l'être raisonnable, destiné au bonheur, le premier des êtres sur la terre, & comme leur centre; admirable par sa forme extérieure, plus admirable encore par son mécanisme intérieur, le jeu organique de ses sens, qui transmettent à l'ame cette étincelle, cette image invisible de la Divinité, les motifs d'exercer ces inconcevables facultés & opérations. Car de même qu'aux ouvrages d'un Dieu vous jugez de son existence, quoiqu'il ne vous tombe pas sous les sens, dit *Cicéron*, de même, quoique votre ame ne soit pas visible, cependant la mémoire, l'intelligence, la vivacité, toutes les perfections qui l'accompagnent, doivent vous persuader qu'elle est divine. Enfin, dans son tout, l'homme est inconcevable à lui-même, doué d'intelligence, capable de connoissances & d'amour, de volonté pour agir, de liberté pour choisir, aimant la vérité; mais rempli de passions qui, bonnes en elles-mêmes, souvent l'égarent. Nous ne rechercherons point ici si l'homme est tel qu'il fut dans son origine, & ce dont ont douté la plupart des philosophes anciens, & sur quoi il n'appartient qu'à la religion seule de prononcer. Nous reconnoissons que l'homme, comme être social, a besoin de loix particulières pour le diriger vers le bonheur où il tend de tout le poids de sa volonté: enfin qu'il est libre, & que le but des loix naturelles & sociales n'est pas de gêner sa liberté, mais de la faire agir conformément à ses véritables intérêts. Car la liberté sans règle, sans bornes, n'est qu'une chimère ou qu'une véritable servitude; les payens même nous l'ont appris: *Etre libres*, disoient-ils, *c'est obéir aux loix*. Car il est nécessaire, dit *S. Augustin*, que chacun soit esclave des choses par lesquelles il veut être heureux. Esclave de la loi, de la vérité, de la justice, de la raison, s'il veut véritablement être heureux & libre; ou esclave de l'injustice, de l'erreur & de toutes les passions, pour y trouver son propre malheur, & faire celui des autres.

Après avoir ainsi donné le précis de la nature & des grands caractères qui désignent l'homme, nous déduisons de cette connoissance préliminaire les droits naturels, inaliénables & sacrés de l'homme, afin que cet exposé, constamment présent à tous les membres du corps social, leur rappelle sans cesse leurs droits & leurs devoirs, afin que les actes du pouvoir législatif & ceux du pouvoir exécutif & judiciaire, pouvant être perpétuellement comparés avec le but de toute institution politique, en soient plus respectés, & que les réclamations des citoyens, fondées désormais sur des principes simples & incontestables, tournent toujours au maintien de la constitution & au bonheur de tous. En conséquence reconnoissons & déclarons en présence & sous les auspices de l'Etre suprême, les droits & les devoirs suivans de l'Homme & du Citoyen.

Article premier.

De la conservation de la vie, de la Liberté & de l'Egalité.

Les hommes naissent & demeurent libres & égaux en droits: la conservation de la vie, l'égalité, la liberté, tels sont les droits naturels, primitifs & sacrés de l'homme, droits précieux, qui caractérisent sa grandeur, manifestent la dignité de son être, la puissance, la sagesse & la bonté de son principe. Car il faut tenir pour certain, que l'Être parfait, l'Etre essentiel existe; & qu'enfin l'objet direct & entier des actions qui contribuent principalement à notre bonheur, c'est Dieu & *les hommes*: & considérer que l'amour étant ce que l'homme peut faire de plus grand envers l'un & l'autre, le précepte d'*aimer Dieu de tout son cœur & son prochain comme soi-même*, est le précis de ses devoirs, le vœu de la nature, comme la volonté de son auteur, & le sommaire également de la religion, de la morale, de la politique & le principe de la déclaration des droits de l'homme & du citoyen, base de la félicité, du bonheur public & de la liberté; car la liberté de l'homme étant celle d'une créature raisonnable, capable de connoissance & d'amour, il est libre, non afin de faire le mal, mais afin d'être juste, d'aimer ses semblables, & qu'il lui tourne à gloire de faire le bien.

Ces trois devoirs d'amour, qui se déduisent de la loi naturelle & de la religion qui en est l'expression & la perfection, ont le caractère unique que doivent avoir des principes de loix; ils sont vrais, puisqu'ils sont pris dans la nature de l'homme; ils sont justes, puisqu'ils contribuent à son bonheur; ils sont nécessaires, puisque sans eux la société ne pourroit subsister; ils sont simples, puisqu'ils sont à la portée de tout le monde; enfin ils sont suffisans, puisqu'ils embrassent tous les objets de nos devoirs, & qu'ils nous font connoître toutes les relations de l'homme.

Tout édifice politique, qui ne reposeroit donc pas sur cet inébranlable principe, doit perpétuellement craindre sa chûte par la fragilité de ses bases; car quiconque cherche dans la nature seule & indépendamment du principe souverain qui en est l'auteur & le lien de toutes les vérités, un fondement solide à la morale, à la politique, aux droits & aux devoirs de l'homme, sera toujours puni de sa témérité par des méprises & des erreurs également funestes & dangereuses pour lui comme pour les autres.

Art. II.

Le véritable but de la Liberté, & son premier usage.

La liberté en elle-même étant le pouvoir de penser & d'agir, & son véritable usage de bien penser & d'agir conformément à ce que veut la raison & prescrivent les loix divines & humaines. Le premier & le plus digne usage que l'homme puisse faire de cette noble prérogative, est donc d'élever ses pensées au principe universel de tous les êtres, lui témoigner sa gratitude, & en lui la reconnoissance de toute la nature, par le culte intérieur de son esprit & de son cœur & les actions extérieures de son corps, propres à manifester ses sentimens; en sorte que ses pensées, ses desirs, ses paroles, ses actions & toute sa vie, aient son amour pour principe, sa loi pour règle, & sa gloire pour fin. Car il n'y a rien de plus grand que ce rapport entre Dieu & l'homme par la religion, ni de plus sublime que la foi, cette source de paix, à laquelle il faut revenir, si l'on entend ses véritables intérêts, & si l'on veut goûter cette douce tranquillité d'ame, ce bien le plus précieux de la vie, qui satisfait également & l'esprit & le cœur, & contribue à la prospérité & au bonheur des empires.

Art. III.

De l'exercice & de la liberté des cultes.

Les hommes libres & égaux en droits comme en devoirs, faits pour s'entrecommuniquer des extrémités de la terre, vivre ensemble & s'aimer comme freres, ne doivent donc point être divisés par l'extérieur du motif même qui les unit tous; car si nous considérons la grande majorité des suffrages contre le petit nombre de ceux qui, ayant les conceptions assez vives, l'esprit assez fort ou plutôt assez foible, pour n'admettre de cause de leur propre existence, de leur intelligence & de tous les êtres que le hasard ou une nature aveugle, nous voyons toutes les nations & les plus éclairées, frappées de l'harmonie & de la beauté de la nature, s'accorder à la regarder comme l'acte solemnel & permanent de la Puissance, de la Sagesse, du Principe souverain & l'instrument de sa bonté; s'accorder toutes & de concert avec les Philosophes les plus distingués dans tous les siècles, dans ce point unique de reconnoître un Dieu, première raison des choses, source des essences, comme sa volonté & sa bonté sont l'origine des existences; de lui rendre un culte & lui témoigner leur adoration intérieure de reconnoissance par des signes extérieurs & divers de cérémonies religieuses.

Il est donc de principe politique & d'humanité, sans préjuger ni altérer la foi du culte reconnu & dominant dans l'empire, de souffrir la diversité des opinions, & d'admettre indistinctement l'exercice extérieur de tous les cultes qui s'exercent sur la terre. La religion chrétienne, forte de ces principes, de ces preuves & de la protection de son auteur, ainsi que la vérité & la liberté, agit, non par contrainte, mais par lumière & voie de persuasion, en éclairant les esprits & touchant les cœurs.

Art. IV.

De la société conjugale, première société.

Après avoir satisfait aux droits de la Divinité, & la liberté de l'homme, s'être exercée à remplir ses devoirs à son égard, il se doit à lui-même & à ses semblables son premier droit, après l'usage des productions de la nature pour l'entretien de sa vie & le soutien de son existence. Son premier droit, & celui de tous les individus des deux sexes appelés réciproquement par la nature à la société conjugale, est cette union sociale & régénératrice des familles, des républiques & des empires : société respectable dont les droits & les devoirs sont également l'objet de la religion, de la *morale*, de l'*économie* & des *loix politiques*, qui doivent, en protégeant, veiller à l'instruction des uns & des autres, pour le propre avantage des pères & mères, des enfans & du bonheur public ; car chacune faisant portion de la grande famille, ce tout ne peut être harmonique & bien constitué si les individus qui la composent, en même tems qu'ils sont instruits de leurs droits, ne sont également éclairés sur leurs devoirs & leur volonté portée à les accomplir, par une direction de leur liberté vers son but, leurs véritables intérêts & le bonheur de la société.

Art. V.

De la Liberté civile, de son étendue & de ses limites envers soi-même & les autres.

Le véritable usage de la liberté civile, qui n'est pas, comme la mauvaise foi, l'ignorance & l'erreur le veulent, le droit de tout faire indifféremment ; mais consiste à pouvoir faire tout ce que la raison & la loi prescrivent, n'être pas contraire aux droits de nos concitoyens, à nos véritables intérêts personnels, & ne nuire pas aux droits & à la conservation de la république. L'homme qui agit ainsi, vit honnêtement, ne fait tort à personne, rend à chacun ce qui lui est dû. Mais l'homme vertueux, le vrai bon citoyen, fait plus; il est humain, religieux, bienfaisant, aime & tend au bonheur de ses concitoyens, de sa patrie & de l'humanité, parce qu'il reconnoît que la terre est une grande cité dont tous les hommes sont citoyens; & que, comme tel, suivant l'expression du vieillard de Terence, il doit s'intéresser à tout ce qui intéresse les hommes; & qu'il sait que, traiter les hommes de la même manière que nous voudrions nous-mêmes qu'ils nous traitassent, leur faire tout ce que nous voudrions qu'ils nous fissent, c'est la vertu & le sommaire de la loi que dicte le souverain Législateur pour le bonheur des hommes.

ART. VI.

De la liberté de penser.

LE premier & le principal usage que l'homme a fait de sa liberté en rendant au créateur l'hommage de sa reconnoissance, à lui-même & à ses semblables les devoirs de justice & de bienfaisance, lui en laisse un autre bien précieux à exercer, c'est le pouvoir de communiquer sans crainte ses opinions & ses pensées sur tous ces objets; car l'homme a pour objet de ses connoissances Dieu, l'esprit & les corps; & sur tous ces points, l'exercice de sa liberté, de son zèle doit avoir pour but l'amour de l'ordre, de la paix & de la vérité. Car l'homme est formé pour connoitre la vérité, ce qui est la vraie sagesse, & pour aimer la vérité, ce qui est la vraie justice & l'unique moyen de remplir les vues de la loi sur la liberté des opinions.

ART. VII.

Objet de la libre communication des pensées par l'écriture & l'impression.

POINT de grandes découvertes, point de définitions lumineuses, point de sublimes vérités, si elles ne sont dirigées par le fil de la pensée: c'est la liberté qui donne de l'énergie aux talens, & du ressort au génie; l'écriture & l'impression sont une arme utile & nécessaire entre les mains de la raison, du savoir & de la liberté: c'est à l'éducation à diriger les premiers pas pour apprendre la véritable science, c'est-à-dire, celle d'en bien user. Ne préjugeons donc personne qui en puisse abuser; ce seroit défendre l'usage du feu dans la crainte des incendies. La liberté de la presse & de tout autre moyen de publier ses pensées, ne peut donc être interdite, ſuſpendu ni limité, ſauf à répondre de l'abus; qui n'eſt pas moins interdit par les loix, que tous les autres crimes qui troublent le repos public; car la liberté, dans tous les cas, ne fut jamais la licence ni le renverſement des principes de la droite raiſon, non plus que le zèle véritable ne fut la fureur des paſſions, le zèle aveugle du fanatiſme; car il en eſt un également préjudiciable à la philoſophie, à la liberté comme à la religion dont il eſt le plus cruel fléau.

ART. VIII.

De l'Egalité, & en quoi elle conſiſte.

Tous les hommes étant égaux dans l'ordre de la nature, il eſt phyſiquement démontré qu'ils doivent tous jouir du même privilège, conformément à cette double prérogative de liberté & d'égalité dont il faut prendre une juſte idée; car l'égalité conſiſte, non dans une égalité parfaite de talens, de dignités, de fortune, d'intelligence, ni dans toutes autres facultés que la nature a ſi prodigieuſement diverſifiées parmi les hommes & dans la ſociété, car la ſociété eſt une échelle de ſubordination où les dignités différentes y ſervent de ſignal à l'obéiſſance & au reſpect, ſans leſquels il n'y a plus de ſociété. Mais l'égalité, la ſeule égalité parfaite à laquelle peuvent prétendre la raiſon & tous les citoyens qui en font uſage, eſt l'égalité ſous la ſouveraineté de la loi, qui, étant une, eſt la même pour tous, ſoit qu'elle protège ou qu'elle réprime, lie & oblige également, & ceux par qui elle eſt faite; & ceux par qui elle eſt conſentie, & ceux par qui elle eſt exécutée.

ART. IX.

De l'admiſſion à toutes les places.

Tous les citoyens étant égaux aux yeux de la loi, & les diſtinctions ſociales n'étant fondées que ſur l'utilité commune, tous ſont également admiſſibles à toutes dignités, places & emplois publics ſelon leur capacité, & ſans autre diſtinction que celle de leur vertu & de leurs talens.

Quel préſage de bonheur pour un peuple où les hommes ſeroient choiſis pour les places & non les places uſurpées par les hommes, où tout ſeroit inutile, excepté le ſavoir, l'honneur & la probité; où tout ſeroit refuſé à la brigue & à l'ambition, & où l'inſtruction de la jeuneſſe n'auroit pour but que d'inſpirer l'amour de la patrie, du travail, le goût pour les ſciences, les arts, & de l'admiration pour la vertu, & leur apprendre la ſcience également utile de savoir obéir & commander ! Car sans l'exercice de ces vertus, l'égalité est une chimère, la liberté un mot & le plus cruel esclavage; mais avec ces vertus du cœur & ces lumières de l'esprit, l'homme est libre, & il n'y a plus de place trop élevée pour les hommes: & il est constant que si le savoir & la vertu qui est sage & bienfaisante, disposoit ainsi de toutes choses, elle rendroit le monde parfait, tous les gouvernemens & tous les hommes heureux; & la liberté, l'égalité & la paix, le partage de tous les peuples.

ART. X.

Du concours à la formation de la Loi.

LA loi étant l'expression de la volonté générale, tous les citoyens ont donc également droit de concourir personnellement ou par leurs représentans à sa formation, qui ne doit être dictée que pour le bonheur général & particulier, & comme l'expression de la raison & de la loi naturelle, n'a le droit de défendre que les actions nuisibles à la société; & d'établir des peines strictement & évidemment nécessaires. Or, tout ce qui n'est pas défendu par la loi, ne peut donc être empêché, & nul ne peut être contraint à faire ce qu'elle n'ordonne pas. Mais, quoi qu'il en soit de cette liberté des loix civiles, qui ne peuvent tout prévoir, la loi naturelle, la conscience, l'humanité, qui en sont la source, ont des loix qui ne sont point écrites, mais gravées dans les cœurs, & font que ce que les loix positives des sociétés ne défendent pas expressément, l'honneur, la probité, la conscience le défendent; parce que toujours le véritable usage de la liberté est l'exercice de la droite raison envers soi-même & les autres, rapporté au principe souverain, source & fin des loix & le centre du repos éternel des cœurs.

ART. XI.

De la sûreté des Citoyens.

LA sûreté consiste dans la protection accordée par la société à chaque citoyen pour la conservation de sa personne, de ses biens & de ses droits, & c'est de cette assurance & de la garantie de tous les droits de l'homme, que naît l'amour de la patrie; car si le citoyen fait tout pour la gloire & le bonheur de sa patrie, il faut que la patrie protège & assure la paix, la liberté, la propriété, sans lesquelles il n'y a point de véritable société; & tel est l'objet de la souveraineté des nations dans la formation & l'exécution des loix: pouvoir souverain qu'il auroit été inutile d'établir sur la terre, si les hommes eussent exactement observé les loix naturelles, puisqu'ils auroient vécu dans un commerce mutuel de services & de bienfaits, dans une simplicité sans faste, dans une égalité sans jalousie, & n'auroient connu d'autre supériorité que celle de la vertu, ni d'autre ambition que celle d'être désintéressé & généreux; & la sûreté réciproque auroit été dans l'amour des uns & des autres, & de soi-même rapporté à son principe. Mais la vivacité des passions a troublé un si bel ordre; la liberté est devenue licence, & il a fallu des loix positives, protectrices & repressives, pour protéger & maintenir la tranquillité publique.

ART. XII.

De l'accusation & de l'arrestation des Citoyens.

NUL homme ne peut être accusé, arrêté ni détenu que dans les cas déterminés par la loi, & selon les formes qu'elle a prescrites. Ceux qui sollicitent, expédient, exécutent ou font exécuter des ordres arbitraires, doivent être punis; & les citoyens contre qui l'on tenteroit d'exécuter de pareils actes, ont le droit de repousser la force par la force. Car attaquez-vous sans justice; c'est avec justice que l'on se défend.

ART. XIII.

De l'obéissance à la loi.

TOUT homme étant présumé innocent jusqu'à ce qu'il ait été déclaré coupable, s'il est indispensable de l'arrêter, toute rigueur qui ne seroit pas nécessaire pour s'assurer de sa personne, doit être sévèrement réprimée par la loi. Mais tout citoyen appelé ou saisi en vertu de la loi, doit obéir à l'instant: il se rend doublement coupable par la résistance; car la conservation de la liberté dépend dans tous les cas de la soumission à la loi, qui est l'expression de la volonté générale, le bouclier de la liberté, & qui fait qu'un citoyen n'en craint pas un autre. En obéissant donc aux loix, le citoyen obéit à sa propre volonté; il est pleinement libre, & sa tranquillité est assurée. Or, le citoyen, l'homme véritablement libre, celui qui touche de plus près au bonheur, est donc sans contredit celui qui, le plus exact observateur des loix naturelles, divines & humaines, s'y soumet avec plus de respect & d'amour.

ART. XIV.

De la propriété & des diverses manières de l'acquérir.

DANS tous les pays où la liberté commande en souveraine, parmi toutes les nations éclairées, qui ont des mœurs, une religion & des loix, le droit de propriété a toujours été regardé comme la chose la plus sacrée & la moins sujette aux invasions. Le premier titre en a été par-tout celui de premier occupant; le second, & le plus sacré, celui acquis par le travail; le troisième, la donation libre; le quatrième, l'héritage de famille; le cinquième, la dot; le sixième, l'échange volontaire; le septième, l'acquisition ou l'achat; le huitième, la conquête, ou par les armes, ou par le jeu, ou par des conventions; mais titres souvent réclamés par la justice, & repris par la force. Le neuvième & le dernier des titres de propriété, la prescription qui maintient une foule de patrimoines mal acquis, mais légitimés par l'ordre public qu'il faudroit bouleverser pour opérer leur restitution. Or, attaquer la propriété, c'est attaquer la liberté: ainsi *propriété, sûreté, liberté*, voilà ce que nous devons trouver évidemment dans les loix positives, & ce que l'on doit reconnoître comme la raison essentielle & primitive de ces mêmes loix.

ART. XV.

Du droit sacré de la propriété.

La propriété étant un droit inviolable & sacré, nul ne peut en être privé, si ce n'est lorsque la nécessité publique, légalement constatée, l'exige évidemment, & sous la condition d'une juste & préalable indemnité. Mais si la propriété est sacrée & sous la sauvegarde de la loi, le propriétaire a des devoirs dont il ne peut s'écarter sans crime.

ART. XVI.

Des deux espèces de propriétés fictive ou représentative ; & du Commerce.

La société qui reconnoît le droit sacré de la propriété en général, en distingue de deux espèces & diversement réparties entre les hommes, & l'une & l'autre méritant également son attention, savoir, la *propriété foncière* & productive des matières première, animale, végétale & minérale; ou propriété substantielle & nécessaire par elle-même aux besoins de tous les êtres vivans, & particulièrement de l'homme, ce qui est l'objet de l'agriculture: & en *propriété représentative*, numérique de main-d'œuvre, d'industrie ou de travail, soit que l'homme s'exerce à perfectionner, varier les formes des productions de la terre, ce que sont les manufactures & les arts mécaniques; ou à créer de son propre fonds sans autre matière que l'étude de la nature, ce qui appartient aux beaux-arts & aux sciences du ressort de l'esprit. Ces espèces de propriétés aussi sacrées l'une que l'autre, puisqu'elles sont également les richesses de leur possesseur, & qu'elles tendent au même but, le bonheur public, méritent, de la part de la souveraineté, la protection la plus éclatante, avec cette considération, que l'une, la propriété substancielle & propre par elle-même à satisfaire aux besoins de la vie, peut se passer de l'autre ; & que la représentative ne pouvant subsister sans cette première qui en est le germe, l'aliment & la base du commerce, qui procure à chacun la portion qui lui en est nécessaire, doit être surveillée : car, quoi qu'il en soit de cette maxime généralement reçue, que le commerce ne demande que liberté & protection, les gouvernemens, dont le devoir est de contribuer à rendre les hommes heureux en procurant la sûreté publique, la tranquillité, les mœurs & l'abondance, ne peuvent entendre cette liberté du commerce, que d'une liberté renfermée dans de sages bornes; & soumise aux loix protectrices, mais vengeresses de la fraude & de la mauvaise foi.

Art. XVII.

De l'usage des propriétés, & de la liberté des Propriétaires.

Tout citoyen a le droit à l'une & à l'autre des propriétés qui lui sont également garanties par les loix & la force publique de la nation, lorsqu'elles lui sont légitimement acquises. Tout propriétaire foncier peut donc cultiver, vendre, transporter toutes espèces de productions sous la sauve-garde de la loi ; & tout homme ayant le droit d'employer son industrie, son travail, soit du corps, soit de l'esprit, à tout ce qu'il juge lui être bon & utile, sans nuire à sa patrie ni aux autres, peut disposer à son gré du fruit de ce travail, comme de sa propriété, sous les conditions toutefois requises par les loix civiles & celles de la raison, de l'honneur & de la probité, sans lesquelles il n'est dans la société que désordre & licence, & point de véritable liberté.

Art. XVIII.

De la disposition de soi-même, & de ses limites.

Tout homme peut donc disposer ainsi de son travail, engager ses services, son tems ; mais il ne peut non plus se vendre lui-même que d'attenter à ses jours : sa personne n'est pas une propriété aliénable, & sa vie un bien qui lui appartienne ; elle est à la société & à la disposition seule de la Providence : se l'arracher, c'est se révolter contre l'auteur de son être ; & si c'est un vol manifeste fait au genre humain, quel crime est-ce pour celui qui attente sur ses jours ou sur ceux des autres ? Car tout homme est utile à l'humanité par cela seul qu'il existe, & qu'il est de son devoir le plus sacré de lui rendre sa vie utile par ses travaux; car le bien seul qu'on fait, demeure, & c'est par le travail, qui est notre plus grande gloire, que la vie est quelque chose. L'homme, comme être raisonnable & libre, est né pour remplir des devoirs; & sa grande tâche, en profitant de toutes les occasions qu'il a de s'instruire, de réfléchir & de faire du bien, est de les bien remplir: car c'est ainsi qu'il seconde les vues du créateur, & se montre digne de l'existence qu'il a reçue.

ART. XIX.

De la souveraineté nationale.

LA garantie des droits de l'homme, la résistance à l'oppression, reposent sur la souveraineté nationale, qui est une, indivisible, imprescriptible & inaliénable; elle réside essentiellement dans le peuple entier, & n'est autre chose que la force publique formée par le concours & la réunion des volontés & de toutes les forces particulières; & nul corps, nul individu ne peut exercer d'autorité qui n'en émane expressément. Les autorités instituées non pour l'utilité particulière de ceux auxquels elles sont confiées, mais pour le bien de tous, deviennent oppressives, & méritent elles-mêmes d'être réprimées lorsque, par des actes arbitraires, les fonctionnaires publics violent les droits des citoyens contre l'expression de la loi qui est le bouclier de leur liberté, de leur sûreté, de leur égalité, de leur propriété & de tous leurs autres droits.

ART. XX.

De la force publique & des impositions.

La garantie des droits de l'homme & du citoyen, reposant sur la justice & la force, nécessite une force publique particulière, également instituée pour l'avantage de tous. Cette force composée des citoyens armés, exige pour son entretien & les dépenses des autres objets d'administration, une contribution commune, qui doit être également répartie entre tous les citoyens en raison de leurs facultés, proportion qui établit dans l'inégalité des fortunes l'égalité des charges, contribution juste & indispensable, l'état n'ayant de défenseurs naturels que ces propres citoyens, comme de revenus pour les dépenses publiques, que la portion de leurs propres fortunes.

ART. XXI.

Du concours des Citoyens au mode de la force armée, à l'établissement & à la fixation des impositions.

TOUS les citoyens ont le droit de déterminer le mode de la force armée, comme de constater par eux-mêmes ou par leurs représentans la nécessité de la contribution publique, de la consentir librement, d'en suivre l'emploi, & d'en déterminer la quotité, l'assiète, le recouvrement & la durée, & de demander compte à tout agent public de son administration; car c'est de l'ordre, de la justice, dans la dispensation des revenus de l'état, que dépend la prospérité de l'empire & le bonheur des citoyens. Tel doit être à cet égard la circonspection, lorsqu'il s'agit du choix d'administrateurs, qu'il faut non-seulement qu'ils soient éclairés, mais hommes d'honneur & de probité; parce que nul n'est digne de coopérer aux affaires publiques que par les lumières de l'esprit & la rectitude du cœur, véritable égalité digne de respect, & à quoi doivent tendre tous les citoyens, & particulièrement ceux qui veulent mériter les places de confiance, & concourir au bonheur de leur patrie.

ART. XXII.

De la séparation des pouvoirs, base de toute constitution libre.

TOUTE société dans laquelle la garantie des droits n'est pas assurée, ni la séparation des pouvoirs déterminée, n'a pas de constitution: Rome cessa d'être libre lorsque ses Tribuns réunirent en même tems les trois pouvoirs. Une constitution n'est donc autre chose que l'acte qui assure la garantie des droits des citoyens, & qui détermine & fixe les limites des différens pouvoirs. Ces objets généraux sont 1°. ce qui regarde la nation en général, la division de son territoire, ses assemblées, sa souveraineté, soit qu'elle réside dans la personne d'un seul, de plusieurs ou de tous; 2°. du pouvoir exécutif ou du gouvernement proprement dit, car dans toute espèce de société politique, il est l'ame, le ressort, le centre du mouvement qui met en jeu toute la machine, & ramene toutes les actions à l'unité de fin; 3°. le pouvoir judiciaire ou de l'administration de la justice, qui a pour objet de rendre à chacun ce qui lui est dû, & a rapport, tant au civil qu'au criminel, aux personnes, aux choses & aux actions; 4°. la police; 5°. les finances; 6°. la guerre; 7°. la marine, le commerce & les manufactures; 9°. les arts & les sciences, & tout ce qui a rapport aux monumens publics, au travail & à l'instruction, car l'instruction, comme le travail, eſt le beſoin & le devoir de tous, & la ſociété doit l'un & l'autre & les ſecours à tous ſes membres ; 10°. ce qui regarde les droits & les devoirs reſpectifs des nations & ceux de la République avec les autres états, pour rappeller la bonne harmonie & conſerver la paix qui eſt le véritable but des ſociétés.

Tels ſont les principaux objets ſur leſquels les légiſlateurs doivent donner des loix poſitives & bien concertées, pour leur enſemble former un tout harmonique, un corps de légiſlation, une véritable conſtitution.

ART. XXIII.

De la néceſſité de la religion & de la morale dans les Gouvernemens.

LE pur amour de la vérité, de l'ordre & de la paix eſt la ſource de toutes les vertus politiques, auſſi bien que de toutes les vertus divines ; & c'eſt pour parvenir à ce but eſſentiel des ſociétés & au maintien de l'exercice d'une légitime liberté, que les nations ont balancé les pouvoirs, fixé les droits & les devoirs de la ſouveraineté, & ceux de tous les fonctionnaires publics, & conſidéré qu'indépendamment des devoirs de reconnoiſſance légitimement dus au Souverain des êtres, les loix ne peuvent atteindre les délits ſecrets. qui peuvent entraver la marche des gouvernemens & de toutes les parties d'adminiſtration, c'étoit à la religion & à la morale à les ſuppléer par leur ſanction naturelle & divine, en rappelant ſans ceſſe à chacun, qu'il n'y a de grand & de louable que l'honneur & la probité, & que le Légiſlateur ſuprême & équitable n'a point fait d'autres loix pour les uns que pour les autres ; que tous égaux ſous ces loix, ont mêmes loix à ſuivre, mêmes commandemens à obſerver, mêmes eſpérances & mêmes craintes à avoir ſelon la nature de leurs bonnes ou mauvaiſes actions, parce qu'il eſt le témoin & le juge des unes & des autres, & la récompenſe infiniment grande de celles faites dans ſon eſprit pour le bonheur des hommes & pour lui plaire. Enfin qu'il eſt donc eſſentiel non-ſeulement pour le bonheur futur, mais pour le bon ordre même de la ſociété politique & la garantie des ſermens qu'elle exige, que l'une & l'autre ſoient reſpectées ; car ſans Dieu, ſans religion, ſans morale, tous les ſermens ſont illuſoires, & tendent à tromper ſous les fauſſes apparences de la candeur, de la vertu & de la vérité.

Inſpirer donc le reſpect pour la religion, ce lien qui attache l'homme à Dieu, unit le ciel à la terre, fait partie dans l'homme de la loi de la nature empreinte & gravée dans ſon cœur, c'eſt lui inſpirer le moyen de rappeler la paix, de conſerver l'union, &

d'avoir bientôt la consolation de voir régner l'harmonie dans les états, & la tranquillité dans les familles ; car la charité, l'amour qui est son unique principe, unit & rassemble tout, & fait le bonheur de tout. En vain cherche-t-on le bonheur par une autre voie, cette vertu qui par essence est *douce*, *prudente* & *généreuse*, est seule capable de concilier les cœurs, de ménager les esprits ; & par sa générosité bienfaisante, en nous acquérant un droit sacré sur la reconnoissance de nos frères, nous assurer leur attachement, & fait conspirer nos bienfaits à notre bonheur particulier, à la prospérité & à la gloire de notre patrie. Tel est l'effet de cette vertu bienfaisante & désintéressée, qui, régnant dans le cœur de tous les citoyens, & les rappelant tous à l'unité, feroit éclore par son généreux désintéressement un monde nouveau où les traits multipliés de grandeur d'ame deviendroient les mœurs publiques, & feroient qu'alors l'on ne verroit plus chacun s'empresser à faire naître le trouble & profiter du désordre pour établir sa fortune sur les ruines de l'état.

Enfin de l'harmonie politique, morale & religieuse, résulteroit l'unité de fin, la paix & le bonheur des citoyens, la prospérité de la République ; & de l'accord unanime des Puissances, le bonheur du genre humain.

ART. XXIV.

Droit du Peuple de réformer & changer sa constitution ; du véritable objet des gouvernemens, & de leurs moyens de prospérité & de gloire ; avec la déclaration des Droits & des Devoirs de l'homme, exposés par les propres paroles de l'Ecriture-sainte.

UN peuple a toujours le droit de revoir, de réformer & de changer sa constitution ; une génération n'ayant pas le droit d'assujettir à ses loix les générations futures.

Mais quel que soit le gouvernement qu'il adopte, toujours il sera vrai que la loi naturelle doit en être la base : *le salut du Peuple, la premiere Loi* & l'unique objet de la souveraineté, comme il l'est de l'obéissance des citoyens, & enfin que la morale & la religion doivent en être les règles & le soutien. Car par les principes, dit *J. J. Rousseau*, la philosophie ne peut faire aucun bien que la religion ne le fasse encore mieux ; & la religion en fait beaucoup, que la philosophie ne sauroit faire. Car, chose admirable ! dit *Montesquieu*, la religion chrétienne, qui ne semble avoir d'objet que la félicité de l'autre vie, fait encore notre bonheur dans celle-ci, parce qu'elle seule règle l'esprit, fixe le cœur & rend l'homme à lui-même en le rendant à Dieu.

Aussi

Auſſi la religion chrétienne qui nous fait arriver à l'amour ſincère de Dieu, en quoi conſiſte le culte, la vraie religion & cette ſervitude honorable que l'on ne doit qu'à Dieu ſeul, parce qu'il eſt lui ſeul notre vrai bien dont la jouiſſance nous doit rendre heureux, cette religion eſt-elle appellée *Catholique*, c'eſt-à-dire, *Egliſe* ou aſſemblée *univerſelle*, conſervatrice de la vérité, témoin & règle de la foi, une, ſainte, catholique, apoſtolique & romaine, deſtinée par ſon divin auteur à être la religion de tous les peuples, poſée au milieu de l'univers pour être le point de ralliment & le centre d'unité du genre humain; fondée, dit *Tertulien*, le même jour que Dieu créa la terre & les cieux; comme un arbre immenſe, planté & arroſé par l'éternel même, couvre l'univers de ſes branches, élève ſa cime juſqu'aux cieux, & étend ſes premières racines dans le paradis terreſtre, ce lieu de délices, où furent donnés & exercés les premiers droits & les premiers devoirs de l'homme, qui ont déterminé par l'uſage de ſa liberté, ſon état ſur la terre, & ſes eſpérances pour le ciel dans l'éternité.

Au commencement, dit l'Ecriture, Dieu créa le ciel & la terre, & il dit: que la lumière ſoit faite; & la lumière fut faite, & cela ſe fit ainſi. Telle a été l'origine du ciel & de la terre. Dieu dit enſuite: Faiſons l'homme à notre image & à notre reſſemblance. Dieu créa donc l'homme à ſon image; il le créa à l'image de Dieu, & il les créa mâle & femelle; il les bénit, & il leur dit, Croiſſez & multipliez-vous; rempliſſez la terre & vous l'aſſujettiſſez, & dominez ſur les poiſſons de la mer, ſur les oiſeaux du ciel & ſur tous les animaux qui ſe meuvent ſur la terre (*Geneſe*, ch. 1.). *Telle eſt la chartre des droits de l'homme & ſon empire ſur la nature.*

Dieu, dont le nom dans l'éternité, *eſt celui qui eſt*, a créé l'homme immortel; il l'a fait pour être une image qui lui reſſemblât (*Sag.* 2, 23.). Il lui a créé de ſa ſubſtance un aide ſemblable à lui. Il a fait naître d'un ſeul toute la race des hommes, & il leur a donné pour demeure toute l'étendue de la terre (*Act.* 17, 26.). *Telle eſt la dignité de l'homme & l'étendue de ſon domaine.*

Il a créé dans eux la ſcience de l'eſprit; il a rempli leur cœur de ſens, & leur a fait voir les biens & les maux; il a fait luire ſon œil ſur leurs cœurs pour leur faire voir la grandeur de ſes œuvres, afin qu'ils relevaſſent par leurs louanges la ſainteté de ſon nom, qu'ils le glorifiaſſent de ſes merveilles, & qu'ils publiaſſent la magnificence de ſes ouvrages. *Telle eſt leur deſtination, leur premier devoir & le plus digne uſage de l'exercice de leur liberté.*

Il leur a preſcrit encore l'ordre de leur conduite, & les a rendus les dépoſitaires de la loi de vie. Il a fait avec eux une alliance éternelle, & leur a appris les ordonnances de ſa juſtice. Et *telle eſt la grandeur de leurs prérogatives, que, dépositaires des loix de Dieu, ils peuvent s'unir à lui par la connoissance & par l'amour dans un même esprit.*

Ils ont vu de leurs yeux les merveilles de sa gloire, & il les a honorés jusqu'à leur faire entendre sa voix : Ayez soin, leur a-t-il dit, de fuir toutes sortes d'iniquités. Et il a ordonné à chacun d'eux d'avoir soin de son prochain (*Ec-que*, 17.).

Vous aimerez le Seigneur votre Dieu de tout votre cœur, de toute votre ame, de tout votre esprit & de toutes vos forces. C'est-là le premier commandement. Et voici le second qui est semblable au premier : Vous aimerez votre prochain comme vous-mêmes. Il n'y a aucun autre commandement plus grand que ceux-ci (*Marc.* 22, 30, 31.). Toute la Loi & les Prophètes, dit *Jesus-Christ*, sont renfermés dans ces deux commandemens (*Matth.* 22, 40.).

Quel autre qu'un Dieu a pu tracer en aussi peu de paroles les droits & tous les devoirs des hommes ? *Aimez* : c'est toute la loi, la religion, la morale & la base de la liberté naturelle, civile & politique. Et bien aimer, c'est-à-dire, dans l'ordre, tel est le devoir qui égale tous les hommes, & celui qui leur fait réciproquement aimer & respecter leurs droits. Enfin l'amour est l'unique voie qui conduit à la véritable liberté, au vrai bonheur, qui n'est autre chose qu'être bien *avec Dieu, avec soi-même* & *les autres*.

Telles sont les pensées & les connoissances sublimes déposées dans l'Ecriture-Sainte, ces précieuses archives du genre humain, & que refusent de reconnoître ceux qui, ennemis de la foi, veulent tout comprendre ou plutôt dominés par une foi de raison, croient plus facile d'admettre la non existence de Dieu, & de croire que la nature est tout ; qu'elle seule, quoiqu'elle ne soit point intelligente, peut produire des êtres intelligens ; que la production de l'homme, son origine, sa fin ne l'intéressent pasvéritablement; que les crimes les plus affreux & les vertus les plus pures, n'ont ni punition à craindre ni récompense à espérer, puisqu'un anéantissement éternel les confondra pour toujours dans l'horreur du tombeau ; enfin croient mille autres choses aussi absurdes, & que l'on peut appeler à juste titre les dogmes de l'athéisme, les mystères de l'incrédulité ou la foi de la raison en délire ; car, dit l'Ecriture, l'insensé seul a dit dans son cœur : Il n'y a point de Dieu.

Que les principes & les maximes de la religion sont lumineux & consolans ! qu'ils inspirent de respect & d'attachement, comparés aux erreurs qu'on lui oppose ! & qu'il est satisfaisant pour les hommes que les desirs du cœur & les réflexions dictés par la droite raison s'accordent avec la révélation, & achèvent de mettre dans une pleine évidence ce qui étoit déjà si probable par ses seules lumières naturelles, & que ces principes soient précisément ceux que la doctrine chrétienne prend pour base, & sur quoi elle élève tout l'édifice de la religion, de la morale; enfin que l'une & l'autre reconnoisse l'amour, la bienveillance comme source du bonheur de l'homme & de l'humanité; qu'il n'est rien sans la charité; qu'on n'est recommandable par ses lumières qu'autant qu'on en fait un salutaire usage, qu'on reconnoît sa foiblesse, son néant, la grandeur & la majesté du principe souverain, source unique de la véritable liberté & de l'amour; car *Dieu est amour*, dit *S. Jean*: il veut le bonheur des hommes, & il les attire à lui, nous dit-il lui-même dans l'Ecriture, par tous les attraits qui gagnent les hommes, par tous les attraits de la charité (*Osée*, 11, 4.); parce qu'il n'y a d'œuvres dignes de récompense éternelle, que celles qui ont pour principe la charité, qui doit être l'ame & le mobile de toutes nos actions & la loi de notre liberté. Or la charité consiste à marcher selon les commandemens de Dieu (*Jean* 6.). Si vous demeurez dans l'observation de ma parole, dit *Jesus-Christ*, vous serez véritablement mes disciples, & vous connoîtrez la vérité, & la vérité vous rendra *libres* (*Jean* 8, 31, 32.).

Et quelle est cette liberté, si ce n'est la rectitude du cœur & la lumière de l'esprit, qui dirigent nos pensées & nos actions vers leur véritable but, le bonheur, en suivant les loix de la charité, de l'amour qui renferment toutes les loix & en sont le principe comme la fin; vertu qui ne finira jamais, puisqu'elle est celle qui retrace dans l'homme l'auguste ressemblance de la divinité qui l'unit à lui, & qui lui mérite sur la terre, par la foi, la connoissance de la vérité; par l'espérance, la joie du cœur; & par l'une & l'autre, la paix & la tranquillité de l'ame, source des vrais plaisirs qui lui font goûter d'avance les douceurs de ce Royaume dont il est dit que dès à-présent le Royaume de Dieu est au-dedans de vous (*Luc* 17, 21.), parce que ce sont les vertus mêmes de l'amour qui font ce Royaume, & lui méritera à jamais, en glorifiant son auteur, une souveraine & éternelle félicité.

Les vrais principes de la liberté étant l'amour; la bienveillance des hommes les uns envers les autres, doit donc en s'exerçant dans la société, porter avec elle toujours cet aimable caractère, de candeur, de douceur, de bienfaisance & d'humanité, & improuver toute autre conduite. Car comme la religion dont elle est sœur, la liberté doit être tolérante & intolérante, comme principe d'ordre & de bonheur : tolérante, lorsqu'il s'agit des personnes; mais intolérante, lorsqu'il s'agit de leurs actions bonnes ou mauvaises, c'est-à dire, les reconnoître pour ce qu'elles sont; & avec l'intolérance, la rigidité & l'exactitude des calculs mathématiques qui reconnoissent comme elles l'unité de la vérité, réprouver absolument tout ce qui n'est pas juste ni conforme au principe de vérité; de justice dont elles émanent toutes, & ne pas confondre à leur égard les choses avec les personnes; le zèle du fanatisme aveugle avec ce zèle d'amour qui fait leur gloire, le bonheur des citoyens, la félicité publique & le témoignage le plus éclatant de reconnoissance envers la divinité.

Et c'est alors que tous les citoyens, d'accord sur les principes, au lieu de parler sans s'entendre, discuteront au lieu de disputer; & par de justes conséquences arriveront à des résultats satisfaisans, également utiles au bonheur général & particulier; & que ces principes inculqués profondément à la jeunesse, présageront une heureuse génération; & qu'enfin ces principes, devenus ceux de tous les hommes, les républiques & les empires se respectant, discuteront leurs intérêts, ne s'entrechoqueront plus les uns contre les autres; & au lieu de s'entredétruire par les horreurs de la guerre, & cette férocité barbare, altérée de sang, que réprouvent également Dieu, la loi naturelle, la raison & la religion, une paix générale régneroit sur toute la terre, feroit du genre humain une société fraternelle, une seule famille s'entr'aidant, se communiquant leurs lumières, enfin formeroit un tout harmonique qui uni par l'amour, cette loi de liberté & de bienveillance, seroit un culte perpétuel d'esprit & de cœur, digne de la Divinité qui en recevroit les hommages par Jesus-Christ qui, lui donnant ses mérites, le consommeroit en unité pour le bonheur présent & futur du genre humain, & pour sa propre gloire, comme étant le principe & la fin de toutes choses (*Jean*, 25.).

O société générale du genre humain! ô Législateurs des peuples! ô vous, mes concitoyens, qui voulez le bonheur! consultez la nature; cherchez, tournez-vous de tous les côtés; lisez l'histoire des nations; remontez à leur origine; réunissez tous les systêmes, toutes les opinions, toutes les vérités, & vous ne trouverez que des énigmes, si vous n'envisagez Jesus-Christ & sa religion; elle seule est la véritable philosophie, la philosophie par excellence, & le seul guide, dit l'illustre *d'Aguesseau*, qui peut apprendre à l'homme ce qu'il a été, ce qu'il est, & ce qui peut le rendre tel qu'il doit être, parce que la vérité en est le fond, & la charité la fin qui concentre tout dans l'unité.

Car Jesus-Christ, dit *Massillon*, est un Législateur universel; sa loi, comme sa mort, est pour tous les hommes; il est venu de tous les peuples ne faire qu'un peuple; de tous les états & de toutes les conditions, ne former qu'un corps: c'est le même esprit qui l'anime, les mêmes loix qui le gouvernent. On peut y exercer des fonctions différentes, y occuper des places plus ou moins honorables; mais c'est le même mouvement qui en régit tous les membres, toutes ces distinctions odieuses qui divisoient autrefois les hommes, sont anéanties par l'Evangile: cette loi sainte ne connoît plus ni pauvre, ni riche, ni noble, ni roturier, ni maître, ni esclave; elle ne voit dans les hommes que le titre de *Fidèles*, qui les égale tous; elle ne les distingue point par leurs noms & par leurs places, mais par leurs vertus; & les plus grands à ses yeux, sont ceux qui sont les plus saints.

Enfin, ô mes Concitoyens! cherchez tant qu'il vous plaira, mais jamais vous ne trouverez rien de mieux établi sur la terre, que la Religion, que dis-je? rien même qui mérite plus l'attention des esprits sensés, que ces principes pour le bonheur particulier, l'égalité raisonnable, la véritable liberté, la prospérité & la gloire des empires: & après un serieux examen & un regard attentif sur tous ces motifs de crédibilité, & sur le caractère des hommes de génie, qui l'ont étudiée, approfondie & fait aimer aux personnes les plus sages, les plus modérées & les plus éclairées qui fussent sur la terre; vous direz avec *La Bruyère* : « Où aller? où me jetter? » je ne dis pas pour trouver rien de meilleur, mais quelque chose » qui en approche?»

Telles sont nos vues pour le bonheur de nos Concitoyens, de la République & de l'humanité; & tels sont les principes que nous avons exposés aux yeux de la jeunesse dans nos différens ouvrages, & particulièrement dans *le Tableau central des opinions & de l'éducation publique*, dans *le Tableau des sciences & des arts*, & *le Systême figuré des connoissances humaines*, agréés par l'auguste Assemblée.

Nos desirs seront satisfaits & notre objet entièrement rempli, si nos vues peuvent être aussi utiles que nos intentions sont pures; flattés alors d'avoir concouru de tout notre pouvoir au bonheur de nos semblables & au devoir que nous impose la Divinité de lui rendre gloire, & laissé ainsi quelques traces de notre passage sur la terre; quel que soit l'événement qui nous retire du tourbillon de la société humaine où nous vivons, nous mourrons satisfaits; & avec les secours du ciel & en implorant sa clémence jusqu'à ce dernier instant, notre vœu sera toujours pour l'union, la concorde & la paix, le bonheur de notre patrie & de l'humanité, la satisfaction de nos parens, de nos amis, & le dernier mouvement de mon cœur pour l'auteur de notre être, centre unique du repos éternel des cœurs, la gloire & le souverain bien de tous les hommes, le principe & la fin de leurs droits & de leurs devoirs, le témoin & le juge de leurs pensées & de leurs actions, & leur récompense infiniment grande, à qui seul appartient l'empire absolu l'honneur & la gloire.

OBSERVATIONS importantes sur l'Article XVI, *relatives aux propriétés, à la liberté du commerce & à la proportion du prix des denrées avec les facultés des Citoyens.*

LES gouvernemens en général ayant pour but essentiel le bien public, & particulièrement la conservation des propriétés individuelles des citoyens qui sont sous le double rapport de propriété & de population, toute la richesse, la force & la puissance des états, doivent, avec une attention particulière, protéger les deux espèces de propriétés, c'est-à-dire, *la propriété foncière* ou substantielle & nécessaire par ses productions même aux besoins de la vie, & *la propriété représentative*, numérique, d'industrie ou de travail, de quelque nature qu'il soit; car l'une & l'autre de ces propriétés sont sacrées, & sont les moyens de subsistance parmi les hommes, tous ayant un égal droit à l'existence & aux bienfaits de la nature & de ses productions; les gouvernemens doivent donc veiller attentivement à ce que celle de ces propriétés, qui tient l'autre sous sa nécessaire & absolue dépendance, n'abuse pas de sa prérogative, & que l'ambition démesurée des propriétaires fonciers, ou la surcharge des impositions, ne rompe l'équilibre ou la proportion du prix des denrées de première nécessité d'avec le prix des travaux de ceux dont l'industrie ou la main-d'œuvre fait toute la propriété, ou des honoraires fixes, toute la richesse; car cette balance, une fois rompue, l'une de ces propriétés est opprimée par l'autre; le rentier économe est véxé; l'appoînté & le salarié sont ruinés; & le but enfin du gouvernement & de la sociabilité est manqué: car les libéralités de la nature sont données par son auteur, non pour l'avantage d'un seul ou de plusieurs, mais pour les besoins de tous; & le commerce qui en est le légitime dispensateur, doit, en se soumettant aux loix de la raison, de la justice & de l'humanité, s'exercer librement, c'est-à-dire, sous la protection des loix; & le négociant, le commerçant qui doit à la société dont il est membre, les sentimens qu'un honnête homme, un vrai citoyen doit à sa patrie, en se soumettant à ces loix, à celles de l'honneur & de la probité, qui doivent être ses premières qualités, peut, par ses spéculations prudentes & ses sages entreprises, couvrir les mers de ses vaisseaux, étendre les bienfaits du commerce sur toute la surface de la terre, & contribuer ainsi avec avantage & gloire au bonheur de ses semblables; mais jamais la raison ni les loix divines & humaines, ne lui ont permis pour son propre avantage, de ruiner & faire souffrir les autres par des monopoles criminels.

Si donc la propriété est un droit sacré, & la conservation de la vie & la résistance à l'oppression, ces droits précieux, qui portent à user de ceux de la liberté, à sentir ceux de l'égalité & tous les autres droits, & met en état de remplir tous les devoirs qui y correspondent, la proportion entre les salaires & les besoins de la vie est de la justice la plus rigoureuse; il faut que le travail, qui est l'obligation comme la gloire de tous, satisfasse aux besoins de chacun sans vexer personne. Mais le moyen d'arriver à de si utiles fins! Le moyen est unique : c'est d'imprimer profondément dans les cœurs des citoyens, avec leurs droits, leurs devoirs, & leur faire sentir que de leurs observations dépendent leurs plus grands intérêts, & d'inculquer si profondément ces principes à la jeunesse, qu'elle n'en puisse jamais douter pour son bonheur & celui de sa patrie; car les loix sont nulles où n'est pas l'amour des devoirs & de l'honnêteté dans son état. C'est donc au gouvernement à veiller à l'exercice de cette justice distributive & proportionnelle des salaires avec le travail & le prix des denrées, & mériter ainsi la reconnoissance des citoyens par les plus sincères marques de l'amour & de l'attachement, c'est-à-dire, le zèle & l'honnêteté dans l'exercice des places, & celui de satisfaire aux contributions & à tous les besoins de l'état.

Tel est le sort des rentiers, des salariés de toutes espèces, & des personnes à appointemens fixes sans accessoires, qu'ils ne peuvent par eux-mêmes se mettre en proportion du prix des denrées dont l'accroissement diminuant d'autant la valeur numérique de leur revenu, salaire ou appointemens, qui deviennent dans une disproportion si considérable, que l'économie, les privations même des besoins essentiels, ne leur laisse que la douleur encore de se voir perpétuellement au-dessous de leurs affaires, & l'affligeante perspective, malgré leur économie, leur activité & la droiture de leurs intentions, de voir s'accroître leur malheur. C'est donc à quoi il est essentiel que le gouvernement pourvoie & jette un regard de justice sur cet important objet qui tient à la prospérité & à la gloire du gouvernement. Car là où les besoins physiques ne seront pas même satisfaits, là il n'y a aucun espoir de recouvrement de deniers publics, que par les violences, les vexations les plus outrageantes à l'humanité, & les plus déchirantes pour les ames sensibles & les cœurs remplis de la meilleure volonté. Il faut semer pour recueillir, c'est une vérité d'expérience ; & comme ici c'est un droit que réclame la justice, la première loi de toute espèce de gouvernement, & sans laquelle il n'est ni égalité ni liberté, ni aucune garantie des droits de l'homme, il est donc important d'y faire droit.

OBSERVATIONS PARTICULIÈRES.

Si je pouvois ici tracer en peu de mots ce que l'expérience perſonnelle & la conſidération ſucceſſive des évènemens m'ont appris, j'expoſerois des réclamations bien juſtes en faveur de mes Confrères & de moi-même. Depuis Janvier 1765, que j'ai l'honneur d'être attaché à la Bibliothèque nationale, & y avoir commencé aux appointemens de 500 livres & le logement, & progreſſivement portés à 6 & 800 livres où ils ſont encore maintenant, la diſproportion qu'il n'eſt pas néceſſaire aujourd'hui d'expoſer, puiſque malheureuſement trop ſentie, la preuve en eſt dans les facultés de chacun. Cette diſproportion nous fit, de concert en 1785, lors de l'accroiſſement accordé à diverſes places, réclamer par un Mémoire les mêmes droits & le fruit des travaux de notre jeuneſſe conſacrée au ſervice public dans ce précieux dépôt, à la ſatisfaction, nous pouvons chacun nous en flatter, du public & des chefs qui nous ont originairement engagés à nous fixer dans cet utile établiſſement. Les diſpoſitions particulières que remarquoient en moi les chefs, & le zèle qu'ils me voyoient exercer ſur quelques parties des ſciences & des arts, leur firent plus particulièrement m'engager à renoncer à toute autre vue d'établiſſement : flatté de leur conſidération, je renonçai à tout autre deſir que de celui de me rendre utile ſelon leur vue, & à me charger, dans les circonſtances, des travaux les plus pénibles & les plus difficiles de diſpoſition & d'arrangement; mais déjà vingt ans d'un ſervice le plus actif, & de concert avec le reſpectable M. Malin dont le nom ſeul eſt un éloge parmi nous, étoient écoulés; lors donc qu'en 1785, nous avons tous expoſé nos droits & notre déſintéreſſement, ſoit la détreſſe de l'état, ſoit toute autre conſidération, toute autre raiſon, nous n'avons pu obtenir dans cette circonſtance favorable, que la promeſſe d'une gratification annuelle de 200 livres, que nous avons depuis pluſieurs fois ſollicitée comme nous étant légitimement due, les accroiſſemens des autres places ayant été payés, & les comptes rendus des Miniſtres des finances, article de la Bibliothèque, allouant une ſomme dans ces comptes deſtinée aux dépenſes extraordinaires & aux gratifications, dont nous n'avons rien touché : ayant fait ce qu'il étoit en nous pour manifeſter la juſtice de nos réclamations, nous avons depuis laiſſé au tems & à l'intégrité des chefs à s'en occuper; mais les circonſtances devenant plus preſſantes & les beſoins impérieux par la diſproportion extraordinaire qui va croiſſant; nous ayant forcé à leur faire de nouvelles obſervations ſur leur zèle devenu infructueux, nous fait de nouveau expoſer ici,

pour

pour seconder leurs intentions, la justice de nos réclamations, de nos demandes, pour une augmentation progressive : & si les momens étoient plus propices, nous éleverions de nouveau la voix pour réclamer plus de huit ans de ces gratifications en arrière, ainsi qu'un même nombre d'années d'un loyer promis & dû à l'un d'entre nous, en observant en outre que jamais la modicité des appointemens de ces places n'a été accrue par aucune voie qui puisse blesser en aucune manière la délicatesse d'une ame désintéressée, ni la dignité du lieu où elles s'exercent, seulement que de tems à autre il a été accordé, lors des travaux extraordinaires, des gratifications en témoignage de satisfaction ; gratifications qui, toutes réunies, compris même celle qui m'a personnellement été accordée en dédommagement de frais que m'avoit causé une chûte faite du haut de la balustrade d'où je me suis vu précipité, chûte malheureuse, faite dans l'exercice de mes fonctions publiques, & qu'il m'est impossible de pouvoir oublier par les ressentimens qu'elle me cause ; toutes ces gratifications réunies en masse & distribuées, années communes, dans l'espace de vingt-sept années accomplies d'exercice, fait pour chacun de nous un objet de 48 livres de gratification annuelle, & beaucoup moins encore pour l'un d'entre nous, qui remonte à une époque plus reculée : si l'on ajoute à ces considérations les retards des payemens & les difficultés de pouvoir parvenir à laisser une année en arrière pour en toucher une, on présumera que la fortune de ceux qui ont éprouvé ces disgraces, ne les met pas aujourd'hui en état de subvenir au renchérissement si considérable de tous les objets de consommation, & au surcroît d'impositions & à tous les autres frais qu'exigent les circonstances. Je ne parlerai pas de mes sacrifices personnels, ni de mes travaux & de leurs dépenses pour la chose publique, le tout n'est que le fruit de mon inclination au bonheur de ma patrie, & dont la récompense est dans la vérité, dans le principe qui en est la source, & dans mon cœur par la satisfaction que me cause l'adhésion de l'auguste Assemblée par ses décrets en leur faveur, & mes Concitoyens par leurs arrêtés & leurs témoignages particuliers de satisfaction dont je ne puis trop leur témoigner ma reconnoissance. J'expose simplement ici aux yeux de nos Législateurs, du Gouvernement & de mes Concitoyens, la justice de faire droit aux réclamations qui me sont communes avec mes Confreres, & la nécessité d'accroître les honoraires de places utiles dont le public studieux sent les avantages, & les Chefs de ce précieux dépôt des sciences humaines, la nécessité, l'urgence & la justice.

Enfin l'auguste Assemblée jettant un regard favorable sur tous les objets de nos observations, satisfera au desir de tous les citoyens, calmera leurs inquiétudes, ranimera leur espoir; & faisant droit à leurs réclamations particulières, ne pouvant momentanément être généreuse, elle aura rempli le plus sacré des devoirs de la souveraineté, celui d'être juste, & de donner à tous, par cet acte de vertu, des motifs particuliers d'amour & de reconnoissance.

En Avril 1793, l'an second de la République Françoise.

TABLE DES SOMMAIRES.

Fin de la Table.

A PARIS, de l'Imprimerie de N. H. NYON, rue Mignon, S. André.

www.ingramcontent.com/pod-product-compliance
Ingram Content Group UK Ltd.
Pitfield, Milton Keynes, MK11 3LW, UK
UKHW020226180726
13838UKWH00005B/2211

9 782329 390956